U0684068

盘庚迁都

◎ 主编 金开诚

◎ 编著 刘金玉

　　　　徐　光

吉林文史出版社

吉林出版集团有限公司

图书在版编目（CIP）数据

盘庚迁都/刘金玉，徐光编著.—长春：

吉林出版集团有限责任公司：吉林文史出版社，2010.11（2023.4重印）

ISBN 978-7-5463-4111-8

Ⅰ.①盘… Ⅱ.①刘…②徐… Ⅲ.①中国－古代史－商代 Ⅳ.①K223

中国版本图书馆CIP数据核字（2010）第222251号

盘庚迁都

PANGENGQIANDU

主编/金开诚　编著/刘金玉　徐　光

项目负责/崔博华　责任编辑/崔博华　钟　杉

责任校对/钟　杉　装帧设计/柳甫泽　王　惠

出版发行/吉林出版集团有限责任公司　吉林文史出版社

地址/长春市福祉大路5788号　邮编/130000

印刷/天津市天玺印务有限公司

版次/2010年11月第1版　印次/2023年4月第5次印刷

开本/660mm×915mm　1/16

印张/9　字数/30千

书号/ISBN 978-7-5463-4111-8

定价/34.80元

编委会

主 任: 胡宪武

副主任: 马 竞 周殿富 董维仁

编 委（按姓氏笔画排列）：

于春海 王汝梅 吕庆业 刘 野 孙鹤娟

李立厚 邴 正 张文东 张晶昱 陈少志

范中华 郑 毅 徐 潜 曹 恒 曹保明

崔 为 崔博华 程舒伟

前 言

文化是一种社会现象，是人类物质文明和精神文明有机融合的产物；同时又是一种历史现象，是社会的历史沉积。当今世界，随着经济全球化进程的加快，人们也越来越重视本民族的文化。我们只有加强对本民族文化的继承和创新，才能更好地弘扬民族精神，增强民族凝聚力。历史经验告诉我们，任何一个民族要想屹立于世界民族之林，必须具有自尊、自信、自强的民族意识。文化是维系一个民族生存和发展的强大动力。一个民族的存在依赖文化，文化的解体就是一个民族的消亡。

随着我国综合国力的日益强大，广大民众对重塑民族自尊心和自豪感的愿望日益迫切。作为民族大家庭中的一员，将源远流长、博大精深的中国文化继承并传播给广大群众，特别是青年一代，是我们出版人义不容辞的责任。

本套丛书是由吉林文史出版社和吉林出版集团有限责任公司组织国内知名专家学者编写的一套旨在传播中华五千年优秀传统文化，提高全民文化修养的大型知识读本。该书在深入挖掘和整理中华优秀传统文化成果的同时，结合社会发展，注入了时代精神。书中优美生动的文字、简明通俗的语言、图文并茂的形式，把中国文化中的物态文化、制度文化、行为文化、精神文化等知识要点全面展示给读者。点点滴滴的文化知识仿佛颗颗繁星，组成了灿烂辉煌的中国文化的天穹。

希望本书能为弘扬中华五千年优秀传统文化、增强各民族团结、构建社会主义和谐社会尽一份绵薄之力，也坚信我们的中华民族一定能够早日实现伟大复兴！

目录

一、先商的迁徙

（一）商的起源

商是一个古老的民族，具有悠久的
历史。商原是夏朝东部一个以玄鸟为图
腾的部落，祖先叫做"契"。"天命玄鸟，
降而生商，宅殷土芒芒。"这是《诗经·商
颂·玄鸟》中的诗句，说的是商的始祖
契的母亲简狄吞玄鸟卵而生契的神话故
事。《史记·殷本纪》也记载："殷契，母

曰简狄，有娀氏之女，为帝喾次妃。三人行浴，见玄鸟堕其卵，简狄取吞之，因孕生契。"

《史记》中的这段文字讲述了一个美丽的传说：在远古的黄河之滨，中原的天空是那样蔚蓝，阳光是那样明媚，一只玄鸟唱着歌儿从空中飞来，带给人们无穷无尽的遐想——它是天的使者，原始部落的人们都对它顶礼膜拜。帝喾的妃子简狄，自从嫁给帝喾后，一直没有

生育儿女。在这一年，简狄和帝喾及家人到郊外祭祀媒神（专司生儿育女的神）。祭祀时，简狄诚心祈祷，希望能有一双儿女。祭祀仪式后，简狄和她的两个妹妹在水中洗澡。这时，有一只衔着卵（即鸟蛋）的玄鸟落下来。简狄眼疾手快，接到了鸟卵。出于好奇，简狄把那卵含在嘴里，谁知一不小心，竟吞了下去。简狄因此怀孕，几个月后难产，剖腹生下一子，取名为契，契即是阏伯，就是传说中的商的始祖，这就是"玄鸟生商"

的美丽传说。

　　商族将玄鸟作为图腾。图腾崇拜是一种普遍存在于世界各原始民族中的原始宗教仪式，他们认为某种动物或自然物与本氏族有血缘关系，以此作为本氏族的标志。至于玄鸟，《毛传》："玄鸟也，一名燕，音乙。"《说文解字》释："燕，玄鸟也。"可见玄鸟即燕，商是以燕子为图腾的。

（二）先商——迁徙的民族

商人的祖先契，因为协助夏治理水患有功，受封于商。商当时因为居住在商水沿岸而得此名。商还是一个善于放牧的民族，不断迁徙，游移不定，早期过着逐水而居的生活。可能受这种游牧传统的影响，经常迁徙便成为先商部落的特征。据文献记载，商人由始祖契开始至商汤灭夏以前的四百多年间，共有八次迁徙。从河北南部的漳水一直南迁，大致迁徙范围在今山西南部、河南东部及山东西部。《世本》有"契居番"的记载。"番"就是"亳"，在今河南商丘附近。《史记·殷本纪》上说："自契至汤八迁。"契的儿子昭明迁居砥石（今河北氐水流域），昭明的儿子相土又迁居商丘。相土以商丘为中心，把势力扩张到黄河下游的广大地区、泰山附近以及渤海沿岸，后来这里被称为"相土之东都"。但至于商起源于何地，由于远古时期史籍记载不详，加上后世地名变化很大，因此一直还是个谜。

千百年来，专家学者做了大量的考证，得出商起源于东方的结论。据记载，东方民族对他们祖先的来源，有一种共同的传说，即所谓"卵生"。商人认为自己是"卵生"的，所以，他们先世兴起的地方应该是在东方。

从族源与图腾的角度上讲，商的起

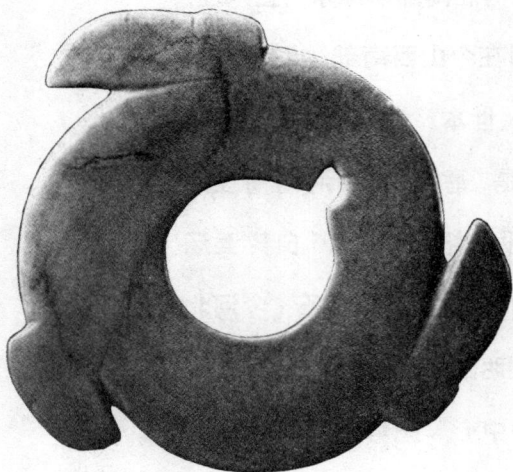

源是在北方，商的图腾是玄鸟，也就是
燕子。燕子属于候鸟，在生活习性上有
一个显著的特征——随四季气候变化南
北迁徙。图腾对一个民族来说不同于其
他的自然物。"图腾是原始民族所崇拜的
物象，他们相信在自己与它们之间存在
着极特殊的关系……个人与图腾之间的
关联是一种自然利益的结合；图腾保护
人们，而人们则以不同的方式来表示对
它的崇敬，如果它是一种动物，那么禁
止杀害它；如果它是一种植物那么禁止

砍伐它。"（弗雷泽《金枝》）既然商人把燕子作为图腾，那么必定对它的行为习性都十分关注。原始氏族多认为图腾物与自己有血缘关系，商人亦然。但是他们并不能理解燕子作为候鸟的迁徙行为，他们把这看做是一种神秘的、而又与自己祖先的活动有紧密联系的行为，因而他们对图腾的崇拜使他们有着一种了解图腾和祖先的需要。燕子每年向南迁徙又从南方回迁，这使商人从心理上产生了一种对南方的好奇和向往。他们觉得

南方与自己的祖先存在着紧密联系，甚至产生了自己的祖先来自南方的心理幻觉，正是这种心态为商人不断南迁提供了心理与精神上的依据。

从经济形态上来讲，商朝先民的不断迁徙，是他们还处于游农经济阶段的表现。从殷虚卜辞的记载看，商朝已进入了完全的农业社会。《前编》中有如下记载："庚申卜贞我受黍年，三月。""乙酉卜黍年有正。""庚子卜宾翌辛丑之告麦。""庚午卜贞禾有及雨，三月。""贞亥求年于岳。"文中记载了商人种植黍、麦等作物并为之祷告求雨的现象，在甲骨卜辞中也有大量相关的记载。可见，农

业生产已在商人的生活中占据了主要的
位置。从成汤至盘庚经历了二十一王，
只徙五次。契至成汤只十四王却八迁。
从迁徙的频率上讲，先商的迁徙次数明
显更多。成汤所居亳与盘庚迁到的殷都
都经历了相当长的时间，这说明商朝已
完全成为定居的民族。先商十四王的迁
徙频率，说明商族还处于非定居的游农
经济状况。所谓游农，也就是以农耕为
主，只是先商的生产力比商朝更为低下，

耕作方式更为粗放，对土地的利用非常不合理，因而当一地的地力用尽之后就需更换耕地。于是，先商不得不常常迁徙。商汤定都亳并经历了十一王至仲丁时才迁到殷，结合卜辞中农业生产的相关记载，可以看出，此时商殷农业生产已经有了不小的发展，土地的使用问题已经不再构成商殷迁徙的主要原因了。从生产工具上看，与先商时期相比，商朝并没有取得很大的进步，青铜尚未被

作为贵重金属在农具中广泛使用。此时的农具仍以石器为主。但从商朝的青铜酒器的发达程度可以看出，商朝的粮食已经有了大量的剩余。郑州、偃师这些城市的规模之大，都表明商朝的农业比起先商时已有了巨大的发展。城市的建立、人口的聚集降低了商人的迁徙频率，同时耕地的利用率也随之上升。这就说明，在生产工具没有变革的前提下，商朝农业的发展是土地利用效率提高的结

果。而土地利用率低、粗放耕作正是先商屡屡迁徙的原因之一。

商人屡屡迁徙的另外一个原因是受到北方游牧民族的不断侵扰。据《史记》载："匈奴，其先祖夏后世之苗裔也，曰淳维。唐虞以上有山戎、猃狁、荤粥、居北蛮，随畜牧而转移。"其中提到荤粥为匈奴先世，《史记》上又载有黄帝北逐荤粥的传说。可见先商时期就已经出现了北方游牧民族的侵扰。在商代，西北游牧民族大致已经进入军事民主制阶

段。匈奴也是"自淳维以至头曼，千有余岁，时大时小，别散分离""士力能弯弓，尽为甲骑"，平时"则随畜因射猎禽兽为生业"，战时"则人习战攻以征伐"。可见，当时北方的少数民族就有向中原侵扰的行为。他们南下入侵中原是迫使商向南迁徙的重要原因。

此外，在商农业取得了较大发展的同时，他们的居住地出现了连续降温的现象，导致商族向环境更加适宜的南方迁移。在距今 3000—6000 年前后，发生了几次持续降温，这一系列的气候降温现象出现在商从形成到建国再到被周取代的整个时间段中，在这个时期受到中原影响的长城一线的北方农业民族也逐步向畜牧民族和游牧民族转化。同时，以前北方地区依赖水草资源发展，从事农业经济的民族由于气候逐渐干冷，已无法生存下去，这样北方的民族开始向南或东南方向移动，促使商人也逐渐向南移动。从这里可以看出气候与区域文

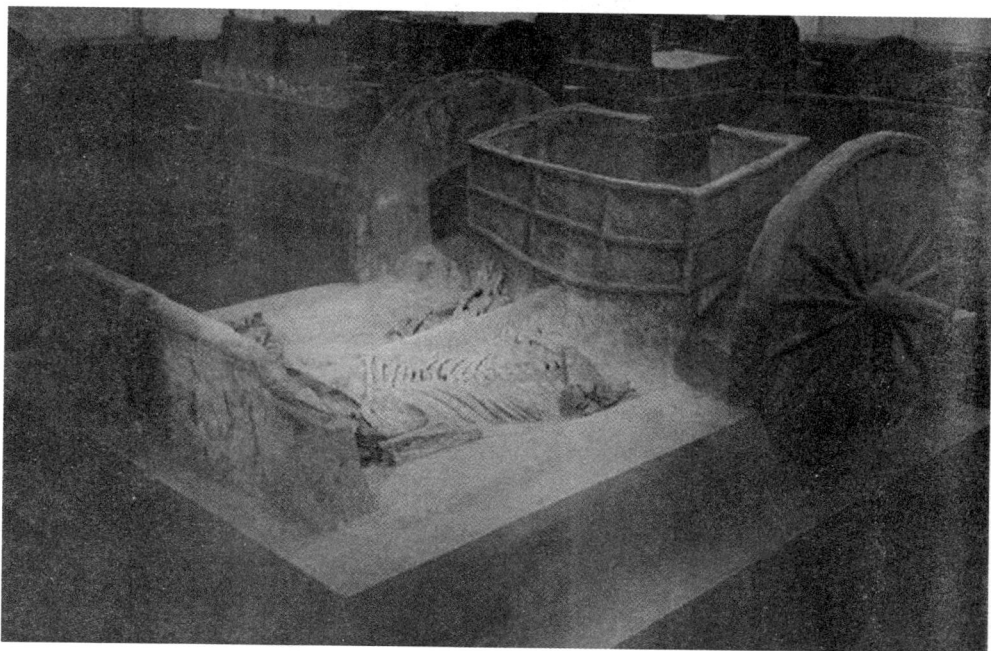

化交流之间的关系。当气候温暖湿润时,中原文化北上发展;当气候干冷时,北部、西部的文化就向东南扩张。商殷的形成刚好处在这样一个由西北文化向东南扩展的过程当中。先商时期尚处于游农经济阶段,生产力水平低下,因为实力较弱,

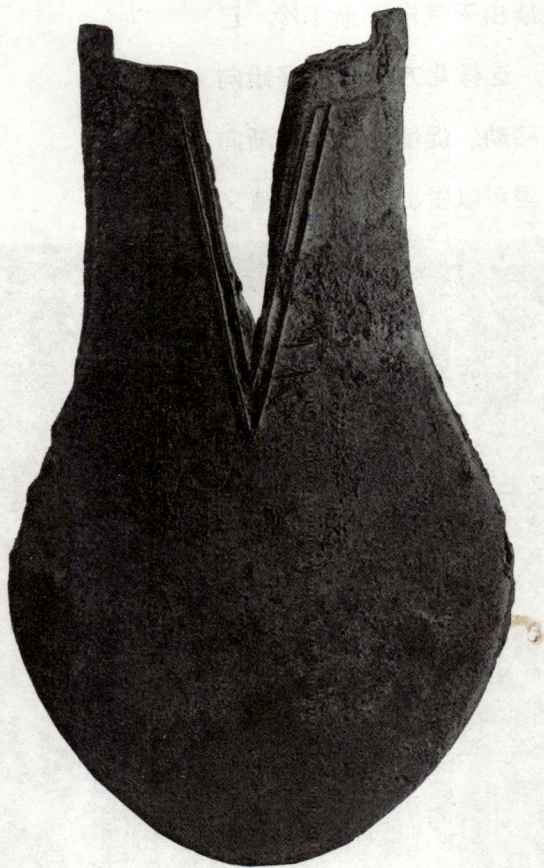

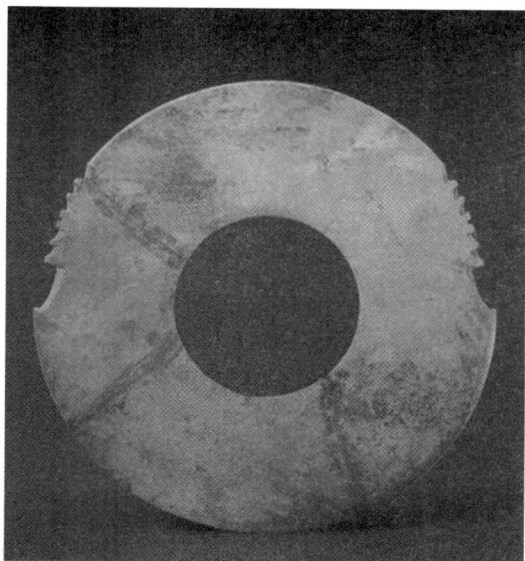

阻挡不了游牧民族南下渐进的势头，不
得已而迁处。商先祖王亥，以服牛著称，
他被河北有易氏部落首领绵臣所杀事件
也说明当时先商不过是一个小部落，经
济军事实力都是极为微弱的。而到了商
族强大的武丁时期，不仅可以抵御北方
少数民族的侵扰，还可以主动出兵征伐。
综上，先商屡迁不仅有其经济、心理方
面的原因，更是当时北方大环境作用的
结果。

二、盘庚迁都的原因

（一）关于盘庚迁都原因的几种牵强说法

商汤灭夏之后，定都于亳（今河南商丘附近），建立起一个较强大的奴隶制国家商朝。商代都城屡迁，在历史上极为有名，"殷人屡迁，前八后五"。关于前八迁，是指自契至于成汤的八迁；关于后五迁，即自汤至于盘庚的五迁，《书序》《史记·殷本纪》《古本竹书纪年》中均有记载。五迁就是：一、仲丁迁隞；二、河亶甲迁相；三、祖乙迁邢；四、南庚迁奄；五、盘庚迁殷。为什么商人会经常迁都呢？历史学家提出了不少看法。如去奢行俭说，认为盘庚迁都是迫使贵族离开他们苦心经营的旧居，由奢返俭，改善平民的处境，缩小贫富差距，缓和阶段矛盾；水患说，认为水患造成了严

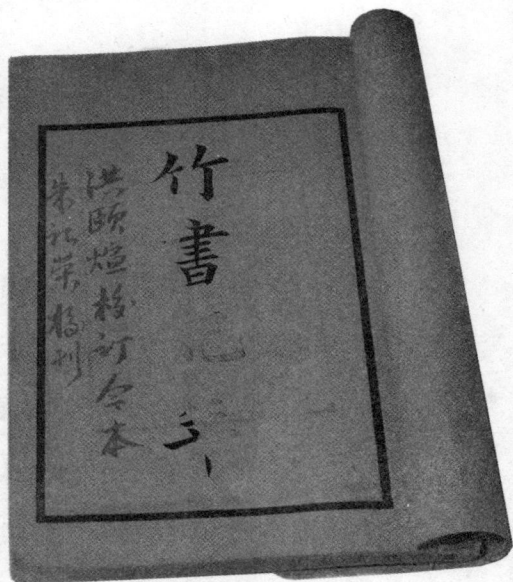

重的经济、社会问题，生态环境遭到破坏，而殷地则条件优越；游牧说，认为迁都是游牧生活的必然结果；游农说，认为当时商人处于渔猎向农业经济过渡阶段，需要经常改换耕地。

盘庚为何要将都城从奄（今山东曲阜）迁到殷（今河南安阳），古今学者始终没有得出一个统一的结论。"水灾"说试图从自然灾祸方面去寻求商都屡迁的

原因，但它举不出一条过硬的材料来证明水灾逼迫商人迁都。相反，从汤至中丁，传六代十一王，难道这么长一段时间就没有闹过水灾吗？而且从武丁到纣的卜辞多次记载洹水泛滥为害殷都，但殷人并未因此迁都。为何盘庚之后的水灾不能逼人迁都，而盘庚之前的水灾却能逼人迁都呢？另外，商朝的几个都城全在黄河两岸，尤其是仲丁由亳迁嚣和盘庚由奄迁殷，越迁越向河滨，这种现象用"水灾"说是无法解释的。

　　"游牧""游农"说试图从社会生产方面去寻求商都屡迁的原因。"游牧"说认为，商人在盘庚迁殷之前还是迁徙无定的游牧民族，到盘庚时才有农业的雏形，由游牧经济转入农业经济，因此有了定居倾向。但商代卜辞和考古资料证明，早在商代前期，农业已是最主要的生产部门，所以，此说不符合历史实际情况。"游农"说认为，商代的农业是原始的。其原始性表现为生产工具的笨

拙和耕作方法的原始。商人采用"火耕"的方法，即"焚田"，来代替笨拙的生产工具开辟原野，把林莽烧平后，在灰土上播种。他们既不知道灌溉，也不懂得施肥，一旦土地的自然力耗尽，便需改换耕地，不得不经常迁徙。"游农"经济是商人都城屡迁的原因所在。但考古资料证明，在郑州和小屯两地商代文化中出土的石镰和石斧都很相似。这两地正

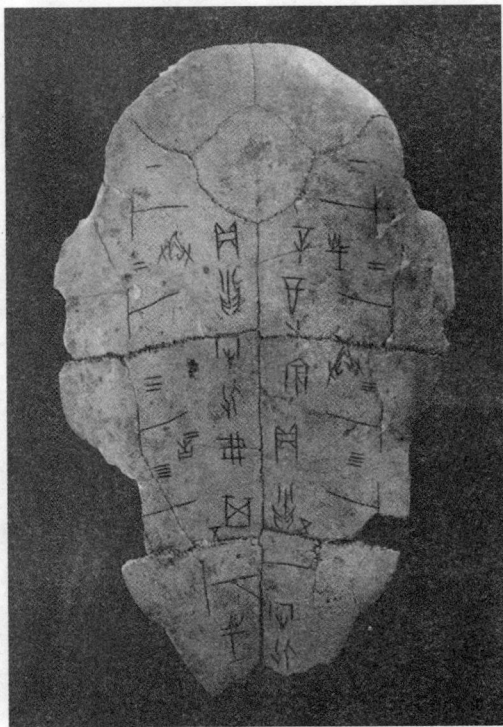

好一个代表商代前期，一个代表商代晚期。商代在农业生产中已使用少量青铜器。目前出土的几件青铜农具，商代前后期的数量也大体相当。这说明商代前后期农业生产工具并未发生重大变化，同样是"笨拙"的。至于耕作方法，商人已懂得施肥，《氾胜之书》说："汤有旱灾，伊尹作区田，教民粪种，负水浇稼。"

甲骨文中"尿"字即粪便之"屎"字。卜
辞中有大量关于"尿田"的记载，商代
初期已知"粪种"，当是可能的。"游农"
说的论据经不住推敲。另外，它跟"水灾"
说一样，无法解释仲丁之前和盘庚之后，
商都稳定的史实。所以，"游农"说也难
以令人相信。"去奢行俭"说和"王位纷争"
说试图从社会政治方面去寻求商都屡迁

的原因，此说多少有点合理成分。

（二）王室斗争——九世之乱

成汤建国后，经过几百年的发展和连续几代的内乱，王位传到了盘庚手里。这时候的商朝，由于政治腐败，王室内部斗争激烈，阶级矛盾尖锐，加上天灾

频繁，社会面临着严重的危机。商代中期王位纷争造成的政治动乱是盘庚迁都的客观原因。到了商朝第十一个王仲丁以后，奴隶主贵族之间的矛盾公开化，连续发生了数次争夺王位的斗争，政局动荡不安，对外控制也逐渐削弱。原来臣服于商的方国，纷纷脱离了商，商王朝开始衰弱。前后不过一百五十年，相继四次迁都，从亳开始最后到奄（今山东曲阜），商的势力范围越来越小。成汤时期的国家权力已经初步确立，奴隶制的社会秩序基本稳定。但是，成汤死后，却发生了"伊尹放之（太甲）于桐"（《孟子·万章下》）的王室内部斗争。

商朝建立后，其君位的继承制度有一个明显的弊病：虽说商王的王位继承制度是以兄终弟继位为原则，但没有作绝对的规定，所以并不十分明确。实际上，商王去世后，继承者可以是先王的儿子，也可以是先王的弟弟；而继承王位的先

王之弟去世后，对于立先王的儿子还是立弟弟的儿子并没有明确规定。因而每当一个商王去世，都要经过一场激烈的斗争来决定继位的人选。按照规定，商王太丁死后，王位应当由太丁之弟外丙继承。但是，太甲却没有遵照这个原则，而是自立为王，这自然是一种"不遵汤法"（《史记·殷本纪》）的行为。所以，庖人出身的伊尹，起身维护"汤法"。伊尹就把太甲赶下台，并放逐到商汤的墓地桐

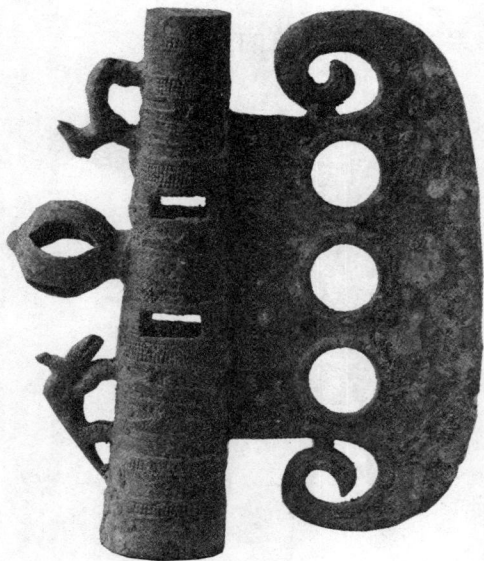

宫（今天河南偃师市）。太甲被放逐期间，
由伊尹代管国家大事。太甲被放逐到祖
父墓地，每天看着商汤的坟墓，虽然是
开国君主，坟墓却很简陋。守墓人听说
太甲因为不守祖训被流放到这，就每天
给他讲商汤创业的故事，教育太甲要像
祖父一样。太甲深受启发，以祖父商汤
为镜，反省自己的行为，终于认识到自己
的错误。他先在桐宫附近蓄势。三年过去，
伊尹通过太甲在桐宫的所作所为，确信
太甲已经可以担当起君主的责任了，就亲
自带领文武大臣接回太甲，把政权交给

他。太甲重新复位，并且获得了"太宗"圣君的称号。由此可见，商王国建立伊始，王室内部的斗争就非常尖锐和剧烈。仲丁以后，《史记·殷本纪》载，在仲丁、河亶甲、祖乙、祖辛、沃甲、祖丁、南庚以至阳甲之间，王位继承权问题一直困扰商朝，形成了"九世乱"。

按照商代继承制度，仲丁为大戊长子，其子祖乙本无继承权，王位应当传

给河亶甲子，但是仲丁之子祖乙却用非法手段夺去了河亶甲子的合法继承权。特别是祖辛、祖丁、阳甲三代，王位争夺尤为激烈。按照当时的继承制度，祖辛传位于弟沃甲后，再传下一代时，王位本应由沃甲子南庚继位，但却被祖辛之子祖丁夺去了。祖丁死后，沃甲于南庚又重新夺回王权。南庚夺回王权后，按理祖丁家系本应永远失去了王位的继承权，但其子阳甲又再次夺得了王权。由于当时王位不能按照规定继承，因而也就造成了王室内乱，削弱了商王国的统治力量，出现了"隋侯莫朝"的政治局面。有的商王为了避开内部派系的斗争，只有采取迁都的办法，把亲自己一派的势力迁往新都，以求得安宁和发展。根据《史记·殷本纪》："自仲丁以来，废适而更

立诸弟子，弟子或争相代立，比九世乱，于是诸侯莫朝"的记载，可以发现从仲丁至阳甲正好九王，先秦典籍中"几世"即指"几王"，这"九世之乱"与商都屡迁，在时间上如此若合符节，绝非偶然巧合，它应是促使商都屡迁的客观原因。这个推断，可以在《尚书·盘庚》里找到证据。盘庚追述先王迁都原因时说："殷降大虐，先王不怀厥攸作，视民利用迁。"很明显，"大虐"不是天灾而是人祸，就是指以王位纷争为中心的"九世之乱"。这句话的意思是说，政治上的动乱和纷争，

给人民带来无穷灾祸，先王并不死守他
们手造的基业，情愿为人民的利益而迁
徙。

王位纷争所引起的社会动乱，为什
么必须用迁都的办法来解决呢？因为"九
世之乱"导致的直接后果是商王权威削
弱和贵族势力膨胀。贵族势力膨胀，表
现在经济上，是聚敛财富；表现在政治上，
是弑君篡位。斗争的双方，为了赢得胜利，
必须借助天时、地利与人和。天时，是
不以人的意志为转移的。而人和则要靠
主观努力去争取。唯独地利，谁占有它，
地势上的优势就属于谁。很明显，既然
贵族的势力能够膨胀起来，并足以威胁

王权，那么，贵族一定占有地利。殷商时期虽然已进入青铜时代，但社会生产力发展水平仍旧很低下。在当时那种社会发展水平的层面上，地利的作用就显得格外重要。通过迁都来改变贵族地利的优势，从而削减贵族的实力，是商王采取的战略措施。这应是促使商都屡迁的主观原因。盘庚迁殷几乎遭到举国上下的反对，"民咨胥怨"，但主要阻力不是来自平民，更不是来自奴隶，而是来自贵族。贵族用言论来煽动民心，而盘庚则高举"天命"和"先王"两面大旗，

声称为人民打算，借以争取民心。在当时，"天命"和"先王"无疑是有威信的，于是盘庚得以成功迁殷。将迁之时，盘庚发出警告："乃有不吉不迪，颠越不恭，暂遇奸宄，我乃劓殄灭之，无遗育，无俾易种于兹新邑。"就是说，如果有奸诈邪恶，不听话的人，我就把他们斩尽杀绝，不让这种人遗留在新邑，不让繁衍下去。可见，盘庚企图通过迁都打击贵族。即使在迁都之后，盘庚仍重申：无论与商王血缘关系远近，只要犯罪就处死，只要立功便封赏；并宣称自己有权"制乃短长之命"。这说明盘庚通过迁都镇压了异己，商王权威上升了。"九世之乱"的教训是深刻的，为了避免历史重演，王位继承制发生了变化。商王继统法分三期：第一期大丁至祖丁以兄为直系，第二期小乙至康丁以弟为直系；第三期武乙至纣传嫡长子。盘庚处于由第一期向第二期转变阶段。嫡长子继承制的确立，减少了王位之间的纷争，使王室内部逐

渐稳定下来，所以迁殷后 273 年没有再迁都城。"王位纷争"说对商代前期都城屡迁的解释是比较合理的。这也是盘庚迁都的直接原因，也就是说，盘庚即位后之所以极力主张迁都，主要是为了解决由王位争夺而引发的王室内部的纠纷。

（三）经济原因

盘庚在迁都前后的演讲中，纵使没有明确说出迁都的原因，也多多少少将其原因透露一二。史书《盘庚》中有这样的记载："水泉沉溺，故荡析离居……罔有定极。"或有这样的描述："殷降大虐，先王不怀厥攸作，视民利用迁。"从中我们不难看出水灾可能是导致迁都的一个原因，但水灾仅仅是促动迁徙的一个客观原因。更重要的原因是"好货""贝玉""货宝"与"生生""作劳""服田"之间的冲突。"好货""贝玉""货宝"指

代的并非"民众奢侈"的生活习俗，而是指重商轻农的社会趋势。众所周知，在殷商时代，贝是最常使用的货币。可见，盘庚迁殷旨在"轻商重农"而非"去奢行俭"。由于频有水患，旧都奄已不利于农业生产，而其靠海临江，有便利的交通条件，当时的民众从事商业活动的条件比较优越，而商业的拓展势必会造成血缘统治的松动。面对"重商轻农"引发的血缘统治危机，盘庚不顾卜问的凶兆、臣民的反对，毅然迁都，将整个血缘部落带到殷——一个新垦地，一个

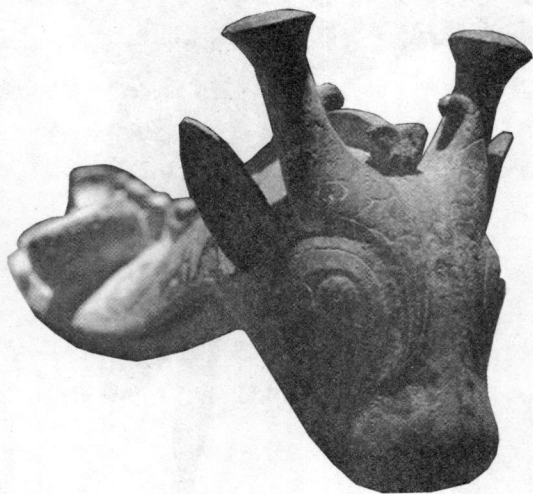

更有利于发展农业的地方，推行"重农
轻商"的政策。他对贵族说"不肩好货，
敢恭生生"是其施政纲领，而从殷墟出
土的甲骨文中我们也可以看出殷人十分
重视农业，卜辞中有大量关于耕作的记
载以及关于年成的卜问。盘庚迁殷后进
行了一系列重农轻商的改革，因此一个
新的富裕但无权的阶层无法产生，也就
无法去冲击建立在与王的血缘亲疏基础
上的社会等级秩序，以及以此标准来形
成的血缘政治，因此殷商的血缘统治非

常稳定地保持着、发展着。

（四）社会原因

在社会因素方面，盘庚迁都与当时社会上的婚姻状态有密切关系，与对偶所系氏族的关系难以维系是盘庚被迫率部迁移的重要因素。至于盘庚怎样实现本族的永久性定居，他曾经这样表述过"天其永我命于兹新邑，绍复先王之大

业，厎绥四方"，这其中既包含了他的使
命感，也提及了他为实现永久性定居所
采取的有效策略。这个策略就是"绥四
方"，绥字在甲骨文中为"以手抚女"的
意思，当时特指盘庚治之下商所奉行的
同时与多个异姓氏族广结姻缘的做法。
实施"绥四方"策略的内在前提是对偶
氏族的解体。父系氏族这一条件，能够
保证禁止本氏族出生的男女间的婚配。
通婚氏族也不必固定，对偶氏族便自然

解体了。此外，实施"绥四方"策略还需要一定的外部条件，如人口的激增使各族体分裂速度加快。商属氏族可以潜在通婚的人口资源变得充足，如邻近的异姓氏族也渐次实行父系氏族制度。女性当然成了异姓氏族间通婚的交换对象。正因为"绥四方"所要求的条件在盘庚时期都具备了，所以盘庚实现了商在殷的永久性定居，以及由母系氏族制度向

父系氏族制度的转型。这一转型过程始终与其大规模进行的商属氏族频繁迁移相伴。到了盘庚时期，父系氏族制度在商部族内部成为一种不可逆转的占统治地位的制度，使氏族制度得以全面实施。商属氏族配偶的来源多样化，使其在婚姻方面对单个异姓氏族的依赖性大为减弱，再也不必通过迁移的办法解决氏族生存繁衍的问题了，也正是在这样的条件下，盘庚才能率部在殷永久地定居下来。

（五）新都的选择

盘庚定都于殷，不再迁徙，也反映出这时候农业的重要性已经超过了畜牧业，人们有了定居下来的需要。盘庚决定迁殷，是经历了一番斗争的。太甲之后，商朝历代的君主和奴隶主贵族们，过着奢侈腐化的生活。他们残酷地剥削人民和奴隶，任何事情都驱使奴隶去做。在

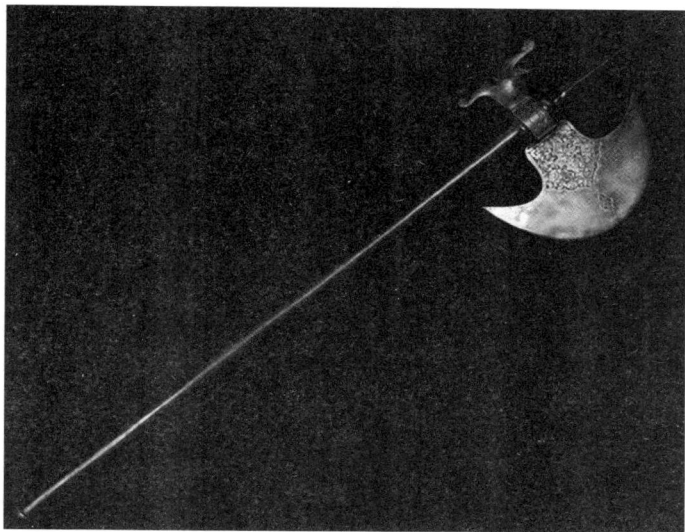

奴隶和奴隶主之间，阶级矛盾十分尖锐，奴隶们不堪忍受折磨，大批逃亡。在统治者之间，对王位的争夺也十分激烈，有的人说应当父死子继，有的人说应当兄终弟及，叔侄之间、兄弟之间，为争夺王位，常常展开你死我活的斗争。为私利把国家搞得混乱不堪。商朝被阶级矛盾和奴隶主内部的矛盾削弱，因此国力日渐衰弱，有些小国和少数民族也趁机起来反叛，再加上水涝、干旱等等自然灾害，内外交困使得商朝这个奴隶制国家几乎到了崩溃的边缘。正是在这个时候，阳甲——商朝的第十八个王死了，阳甲的弟弟盘庚即位。盘庚是个很有智慧的人。他将这种情况看在眼里，觉得不能再这样下去了。为了挽救衰亡的商朝，盘庚决定把都城迁到殷，他认为这样做有如下好处：一、殷地的土地比较肥沃，自然环境和现在的都城奄比起来，无论是建设都城还是发展农业生产，都要更好一些；第二，自太甲以来，商朝历代

的君主和奴隶主贵族们，过着腐化的生活，奴隶和奴隶主之间的阶级矛盾十分尖锐。而迁都以后，王室、贵族的权利将会受到抑制，这样阶级矛盾就可以得到一定程度的缓和；第三，迁都可以避开那些叛乱势力的攻击，都城会比较安全，外部的威胁少了，统治就可以稳定很多。

还有学者从社会结构发展变化角度来解释盘庚迁都，认为商代存在一个政治上的方国联盟，迁都实际上是方国联盟政治中心的转移，这一方面有利于联盟对付敌对势力的骚乱，另一方面可以调整方国之间的关系，巩固并发展方国联盟。从总体上来看，这几种因素都在一定程度上影响到了盘庚迁都。

三、盘庚迁都的过程

（一）迁都阻力重重

　　盘庚迁都的原因极为复杂，不仅涉及到商王朝内部错综复杂的矛盾，也牵扯到其与周围各诸侯和方国的关系。总之，在内外诸多矛盾交织的背景下，迁都绝非易事。仅就迁都这件事本身来说，就存在着相当大的难度。因为根据文献记载和考古发掘资料显示，自汤建国起，商代已是以农耕经济为主的王朝，发展到盘庚时期，商代的农业、手工业、畜牧业等更是得到进一步的发展。此时已不再是先商时期逐水草而居的游农时代。因而，这时的迁都也就不再像先商时的那种具有部落流动或方国转移性质的迁徙那样容易——先商时期的迁徙可以即行搬迁，毫不犹豫。如林之奇所说："盖古者邑居无常，择利而后动。其宗庙、

社稷、朝市之制，简而不伙，约而不费，故不以屡迁为劳也。"也就是说，那时需要迁移时，不需要兴师动众搬迁，程序很简单，可以马上行动。

汤建国以后的商代都城，已具备了真正的都邑性质。从多年来发掘出的殷墟和其他几处商代遗址的都邑规模、贵族墓葬及各种作坊遗址来看，商代已是典型的农业定居国。以郑州商城和安阳殷墟为例，一为商代早期的都城遗址，一为盘庚迁殷后的后期都城遗址。二者面积都相当大，郑州商城总面积至少为二十五平方公里，安阳殷墟面积在三十平方公里左右。两处都发现有大型的宫殿建筑群基址、大型墓葬区、众多的居民点及各种手工业作坊遗址。在郑州商城发现的手工业作坊遗址有铸铜、制陶、制骨三种。发现铸铜作坊遗址两处，分别在紫荆山北和南关外，其中南关外遗址面积最大，达一千多平方米。安阳殷

墟发现的手工业作坊遗址有铸铜、制骨、
制玉三种，其中铸铜作坊遗址面积最大
的达一万多平方米。从这些资料可以看
出，商代手工业已从农业中分离出来，并
且发展到了一个相当高的水平。同时商
代的经济是以农业为主，作为商代社会
经济的基础，农业的地位至关重要。在
商代，商王和民众都极其关注农业，《盘
庚》篇中就有"若农服田力穑，乃亦有
秋""惰农自安，不昏作劳，不服田亩，
越其罔有黍稷"的记载。甲骨卜辞中亦

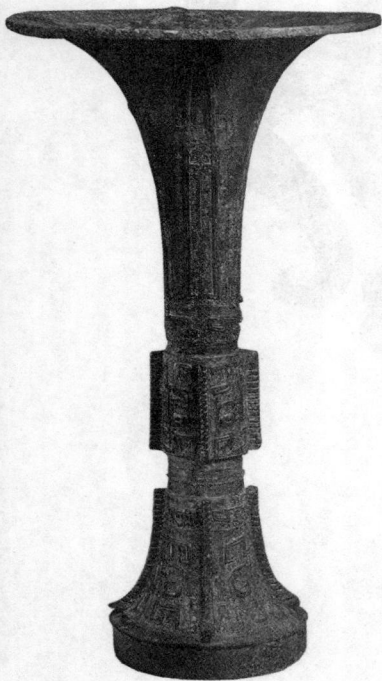

有许多关于耕作、收获、卜问年成及卜雨的记载，而且商代农业是比较发达的，因为据古文献记载，商人有好酒之风，考古发掘的商代墓葬对此也作了最好的诠释，几乎所有的墓葬（除非正常埋葬外）不管大、中、小型，都有酒器组合觚和爵。这说明商代上至贵族下至平民，都喜欢饮酒，否则的话不会以酒器作为随葬品。如果商代的农业不发达，怎么可能有大量的盈余粮食用以酿酒呢？从以上材料，我们不难看出商代社会的经济性质及都城规模。在这种情况下，迁都本身就是极为麻烦和困难的，单就在新都重建各种公共设施，建造宫殿、房屋，开垦荒地而言，都要消耗大量的人力、物力和财力。

除迁都本身的困难外，盘庚迁都还要克服由此而引发的诸多内部矛盾与冲突。首先，在迁都中利益损失最大的是大贵族，因此他们必然强烈反对迁都。

大贵族们在旧都长期聚敛财富，过着极其奢华的生活。文献对此也多有记载，《后汉书·郎传》中有"祖辛以来，民皆奢侈"的表述。一旦迁都，贵族们必然会蒙受巨大损失。因此，他们"协比谗言"，以"浮言"惑众，煽动平民一起反对迁都。这些大贵族在政治和经济上拥有的特权给盘庚迁都带来了巨大的压力和阻力。

其次，迁都在一定程度上也损害了平民的利益。虽然盘庚时期贵族与平民之间的矛盾由于贵族聚敛财富、发动战

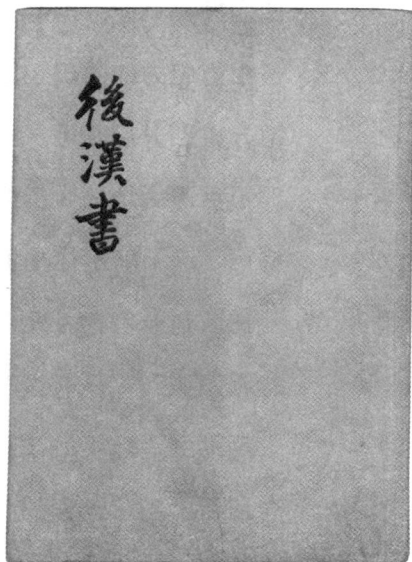

後漢書

争而变得日益尖锐，平民的处境不断恶化，遭受的剥削也日益加重。但是，要他们抛弃家园，抛弃经过精耕细作已具备相当肥力的熟田，颠沛流离，到新的地方重新开垦荒地，建设家园，同时还要不可避免地为大贵族服劳役，修筑宫室……这不能不让他们心生疑虑。尽管从长远利益考虑，迁都有利于缩小贫富差距，缓和平民与贵族的矛盾，也有利于平民生活环境的改善，但从眼前的切身利益出发，他们的利益也确实会受到一定程度的损害。

大贵族诳言惑众，平民不明真相，必然会随之反对迁都，诚如《尚书·盘庚中》所言"今予命汝，一无起秽以自臭，恐人倚乃身，迁乃心"。盘庚认为他们是受到别人的鼓动才会那么做。再者，当时的奄地并非到了非迁不可的境地。从《盘庚》篇记载的大贵族淫逸、苟安、不愿迁都的情况看，绝不是因为奄有迫在眉睫的兵火之危而不得不迁都，否则的话，贵族和民众出于自身利益的考虑，也会顺从盘庚迁都之举，而不是如此强烈地反对。

（二）盘庚的果断决策

既然迁都决心已下，盘庚首先派人认真选定了新都的地址——北蒙（在今河南安阳西）。这里正好地处商朝疆域的中部，且形势险要：左有孟门关（在

今河南辉县），右有漳水和滏水，前有大河可供航行，北有太行山做屏障，是号令天下的理想之地。接着，盘庚立刻颁布了迁都令。但是，迁都的命令遭到了不少上层贵族的反对。他们有的假装要维护祖宗的宗庙；有的说都城由奄向北蒙迁移是西迁，不吉利；有的甚至煽动一些平民出来请愿闹事。盘庚于是果断地宣布："迁都的事我已请巫师多次卜算过，是顺应天意的，也有利于国家安

定和百姓幸福。我的决心已定，谁再反对，将受到严惩！"于是，盘庚终于将商都迁到了北蒙，并且很快将这里建成了商朝的政治和经济中心，取名为"大邑商"。盘庚在这里进行了一系列的整顿与改革，使商王朝再度兴盛。盘庚在位二十八年，他之后，商朝又经历了八代十一个王，却再也没有迁都。由于商都大邑商边上有一块商王的田猎区名叫"殷"，因此，也有人将商都称作殷，或殷都。在商朝灭亡以后，殷都就被废弃了，因此人们又称这里为"殷墟"。

《尚书·盘庚》记载了盘庚迁都时对臣民的三次讲话，完整地记述了迁都的经过。《尚书·盘庚》三篇，是对"众戚""众""百姓"和所谓"邦伯、师长、百执事之人"的训话。因为当时人民不愿迁徙，纷纷反对盘庚的迁都计划，因此他才会集合民众公开说明迁都的理由。他在讲话中时而用温和的语气安慰他们，时而用严刑加以威胁，时而又用先公先王的神灵加以恐吓。例如盘庚对商王族"在位共政"的"众戚"们说：迁都的计划遭到了反对，是由于你们贵族当政者对公社众人进行了煽动。我会向你们证明，我迁都的目的是继承先王的基业，以平定四方，我将仍

像先王一样任用旧人共事（"人惟求旧，器非求旧，惟新"）；同时，我还劝告你们不要欺负老成人，也不要欺侮弱小孤苦的幼年人（"汝无侮老成人，无弱孤有幼"），我警告你们，以后要做好分内的事，不要再散布流言，否则我将不客气地处罚你们（"罚及尔身，弗可悔"）。他对"众"即公社农民则说：你们不应该不体谅我（"汝不忧朕心之攸困"），而听信坏人的话（"恐人倚乃身，迫乃心"）；在我的朝廷中有了乱政的人，贪图横财

（"兹予有乱政同位，具乃贝玉"），而我所以迁都正是为了让你们的生活安定，并不是因为你们有罪，要惩罚你们（"承汝俾汝，惟喜康共，非汝有咎，比于罚"）。他威胁那些胆敢再度反抗的民众说：我将要把你们杀了，不让你们恶劣的种子遗留一个在这个新邑之中（"我乃劓殄灭之，无遗育，无俾易种于兹新邑"）。最后，他号召民众说：去吧! 去寻求安乐的生活吧! 现在我要把你们迁过去了，在那边，永久安定你们的家（"往哉，生生! 今予将试以汝迁，永建乃家"）! 将迁之时，盘庚指责贵族中有贪求财富的乱政官吏，既迁之后，他又告诫官吏不要积聚财物，应施惠于民。盘庚通过迁都不仅镇压了异己，而且巩固了王位。商代前期，王位纷争造成商王的权威被削弱以及贵族的势力膨胀，而通过迁都削弱贵族实力，是商王的惯用措施。据《尚书·盘庚》记载，盘庚迁都时的阻力主要来自贵族，盘庚利用"天命"和"先王"两面旗帜对贵族发出严厉警告，迁都后更是进一步强调：不管与商王血缘关系的远近，获罪者处死，立功便封赏。迁都还可以避开一些小国和少数民族叛乱势力的攻击，对于都城比较

安全，如果外部的干扰少了，那么统治就可以稳定很多。

盘庚又对异性贵族和地方长官说：现在我来开诚布众地把我的意见告诉你们（"今予其敷心腹肾肠，历告尔百姓于朕志"）。我并不是把罪过加在你们身上，你们不要一起对我表示不满（"尔无共怒"），互相联合在一起来毁谤我个人（"协比谗言予一人"）。我迁都是为了恢复我们祖先的行为（"肆上帝将复我高祖之德"），安定我们的国家。我将努力地提拔你们做我的助手，你们也要开诚布公怜悯我们的民众（"予其懋简相尔，念敬我众"）。我不会任用爱财的人，你们若能共同谋生，养护人民，能为人民的安居而操劳，我就嘉奖你们。现在我已将自己的意见告诉了你们，不管你们同意不同意，也不许任何一个人不服从我（"今我既羞告尔于朕志，若否，罔有弗钦"）。从这些讲话中，可以进一步证明，盘庚的迁都，

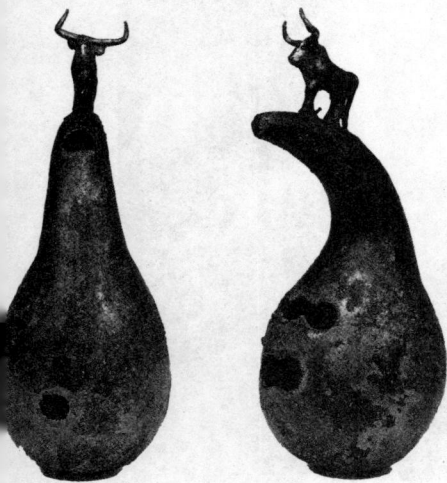

与奢侈、河患、外寇、地力衰退和贵族与平民的斗争关系并不大。其实，要解释这个原因，也并非绝对不可能，只要联系盘庚迁殷前的社会矛盾，只要结合《盘庚》三篇的含义，还是可以找出线索的。例如，盘庚在讲话中说道："尔谓朕：'曷震动万民以迁？'肆上帝将复我高祖之德，乱越我家。朕及笃敬，恭承民命，用永地于新邑。"这句话的意思是说，现在有人问我："为什么要惊动万民来迁都呢？"我告诉你们，这是因为我要恢复我们祖先的德政，重新振兴我们的国家。所以我必须积极地向着这一目标前进，老老实实地建立新的秩序。

他又说，这次迁都的目的是"绍复先王大业，底绥四方"，就是说，是要继承并恢复先王的伟大事业，使天下安定。在这里，盘庚把迁都的原因归于"恭承民命"，当然只是为了掩人耳目。但是结合盘庚之前的"九世之乱"看来，重新建立奴隶主商王朝的新秩序才是他的真正目的。此时盘庚看到奴隶主阶级内部的斗争已经到了无法调和的程度，而且他还看出这一斗争如果继续下去，就会导致"殷降大虐"，

即殷王朝的统治有覆灭的可能。盘庚之
所以如此力主迁都，主要是想通过迁徙，
削弱那些具有争夺王位实力的奴隶主贵
族的政治地位和统治力量，进而强化自
己的统治权力。

四、盘庚迁都成功的原因

　　盘庚在面对的重重阻力及诸多困难的情况下，毅然决然迁都，并最终获得成功，使王权有了充分行使的余地。如果说盘庚时期王权还没有发展到一定程度，仍像商前期那样受族权和神权的强烈制约，那么此次迁都大概会迫于大贵族（即族权）的反对而根本无法进行。然而盘庚的做法却恰恰与此相反——他不受诸多反对意见的压制，冲破层层阻力，

强行迁都。甚至在迁到新都以后，盘庚在对众官吏讲话时，还被问到"曷震动万民以迁"的问题。作为统治阶级的众多官吏大臣竟不知迁都原因这样的关键问题，可见他们关于迁都的意见并未被盘庚认真考虑，同时也体现出王权的高度集中。在整个迁都的过程中，王权发挥了极为重要的作用。

（一）王权压服了族权和神权的限制，强迫迁都

从《盘庚》篇中可以明显地看出此

时的王权已基本上控制了族权，并控制了部分神权。文中多处表现出商王盘庚对贵族大臣所具有的奖惩权和生杀权。如上篇中盘庚对众戚大臣的讲话"世选尔劳，予不掩尔善。兹予大享于先王，尔祖其从与享之。作福作灾，予亦不敢动用非德""无有远迩，用罪伐厥死，用德彰厥善"。下篇中"予其懋简相尔，念敬我众。朕不肩好货，敢恭生生，鞠人谋人之保居，叙钦"。从这些话中，不难看出对贵族大臣的赏罚都掌握在商王手

中。同时盘庚还操纵着大臣和民众的生杀权。上篇中"矧予制乃短长之命"即盘庚直接对大臣说"何况我还掌握着你们的生杀大权"。中篇对民众的告诫有"乃有不吉不迪，颠越不恭，暂遇奸宄，我乃劓殄灭之，无遗育，无俾易种于兹新邑"这些话都毫不掩饰地宣扬着一种赤裸裸的杀戮的观点。既然商王已经控制了对臣民的奖惩权和生杀权，那么所谓的族权所能起到的作用自然只处于次要的地位。只有在政治风气好的商王执政期间，才会更广泛地考虑族众的意见，并使族权的参政作用得以发挥。盘庚对神权的部分控制在篇中体现在"肆予冲人，非废厥谋，吊由灵各。非敢违卜，用宏兹贲"。因为在这里可以看出卜兆是由商王向全体民众发布的，也就是说不管卜兆的最终结果为何，商王掌握着发布权——也就是说，即便他不能按自己的意愿来公布占卜结果，但最起码也有

一定的选择权。他可以发布对自己有利的结果，而掩盖不利的。当然，从神权在商人社会生活中所占的地位来看，此时商王不可能完全控制神权。从卜辞材料看，从武丁时期直到廪辛，贞人的地位还是很高的，而且占卜的地位极为重要，占卜范围极广，包括任免、征伐、田猎、祭祀、田地垦殖、年成丰歉、王的行止祸福等等。从商人此时的宗教观来看，神权还占据着王权不可替代的地位。王权一直处于与神权的相互利用与不断斗争中，直到商代后期才完全控制神权（这种控制指掌握和利用占卜）。这一趋势在甲骨卜辞中也有明显的表现。早期甲骨中所见贞人名极多，已经考知的有一百多位，著名的有二三十位。而晚期则多无贞人名。而且根据卜辞显示，商王多为发布占辞者，即卜辞中的"王占曰"。这应是后期商王控制占卜（即神权）的具体表现。

（二）用王权来削弱贵族力量，改善平民处境，缓和阶级矛盾，巩固统治

盘庚在发布迁都令时的语气纯粹是命令和威吓，而绝不是商议，具有绝对的不容否定性。盘庚一度告诫民众"今予告汝不易"，即表示商王的决定不容置疑，并要求民众做好迁都准备。在上篇中要求官吏"各长于厥居，勉出乃力，听予一人之作猷"。要官吏民众听从他的安排，服从他个人的意志，并且威胁如

果不听从的话就要遭到镇压，下令不准再有反对意见，盘庚这样做的目的之一，便在于借迁都以削弱大贵族在政治经济上的权力，从统治阶级的整体利益出发，协调阶级矛盾，缓和日益尖锐的矛盾冲突，以便巩固统治，稳定国内局势。对于平民与贵族之间日益加剧的矛盾冲突，盘庚十分清楚。大贵族骄奢淫逸，为追求奢华生活，残酷剥削人民，导致广大人民生活条件恶化，无法安居。而解决这一问题只有靠具有专制性的王权，从整个商王朝利益的角度出发进行调节。文中盘庚不断地告诫贵族要照顾民众利益，不要过分地聚敛财富，施实德于民，"汝无侮老成人，无弱孤有幼"，这是其调解冲突的具体体现。由此可见，到盘庚时期，王权已经在很大程度上得到了加强，并且在整个迁都过程中起到了极为重要的作用。此时王权的加强对于稳定社会秩序、巩固商王朝对内对外的统

治都起着不可忽视的作用，并在一定程
度上促进了生产力的发展和社会的进步。

（三）王权的全面加强波及全社会

盘庚时期，商朝王权的加强不仅体
现在政治统治的加强上，还波及社会的
各个层面。王权是国家的标志，是一个
宽泛的概念，它的范围并非局限于政治

方面还包括经济、文化、思想、宗教、社会生产管理等方面。盘庚迁都过程中不仅有王权政治功能的体现，也有其经济功能的体现，即对社会生产的管理。因为当时的商王其实起到了生产的组织者和指挥者的作用，而他所代表的王权其中一项重要职能便是组织社会生产，发展社会经济。商王对社会生产十分关注。盘庚之后，即商代中后期，王权对社会生产进行管理的功能更是得到了进一步加强，这一点在甲骨卜辞中有着极为明显的体现。卜辞中有大量内容是与社会生产有关的，其中不含商王直接干预农业生产活动、组织生产的；此外还有许多有关田猎和畜牧的卜辞。从这些卜辞记载来看，商王对社会生产是极为重视的，甚至直接干预各种生产。因为社会生产的发展和经济的繁荣是王权得以存在的基础和根本，如果王权忽视这一功能，则其统治地位必然会动摇，甚至不复存在。

盘庚时期王权的加强，使得盘庚迁殷以后的商，出现了兴盛局面。《史记·殷本纪》记载，盘庚迁殷不久，商朝就出现了"百姓由宁，殷道复兴，诸侯来朝"的大好局面。《竹书纪年》也说商朝从此结束"不常厥邑"的时代，"自盘庚迁殷，至纣之灭，二百七十三年，更不徙都"，为后来武丁时期的中兴局面打下了坚实的基础。

从上述分析可知，盘庚时期即商中

期的王权已发展到了一个新的阶段，有自己的独特之处。王权得到了极大的加强，基本控制了族权，部分地控制了神权，并促进了社会生产力的发展。此时，王权极强的专制性特征，使其明显区别于商前期受族权和神权制约的状况。从实质上看，王权的强大与王族势力的强盛有着密切关系。在商建立之初，由于距离氏族社会不远，原始氏族血缘关系中的民主制遗存，在一定程度上仍有影响力。再者汤能灭夏，得益于与其他部落和氏族的联盟，正是靠着这一强大联盟的力量才能获得最高统治权。因此，此联盟中其他方国、部落、氏族力量的强大，也使得商王不得不考虑他们的意志，让这些部落的代表在朝中身居高位，把持朝政。如其中最有名的伊尹，他是有莘氏的首领，而有莘氏是早期商方国联盟的核心部族。伊尹协助商汤灭夏，并且执掌国政。《墨子·尚贤》中有汤使伊尹"接天下之政，治天下之民""汤得而举之，立为三公"的记载。《韩非子·说难》谓"伊尹为宰"。
《吕氏春秋·尊师》称伊尹为"汤师小臣"。汤
死后，伊尹的影响更大，《史记·殷本纪》记
载"伊尹乃立太丁之子太甲……乱德，于是伊
尹放之于桐宫……"伊尹拥有选立和赏罚商
王之权，足可以看出其在政治上的巨大影响。
此外，据《尚书·君》载"在太甲时，则有若
保衡。在太戊时，则有若伊陟、臣扈，格于
上帝。巫咸乂王家。在祖乙时，则有若巫贤"。
这些重臣多为部族和方国首领，之所以能够
地位显赫，皆因他们所在的部族和方国拥有
强大的政治、经济力量，在商联盟中占据重

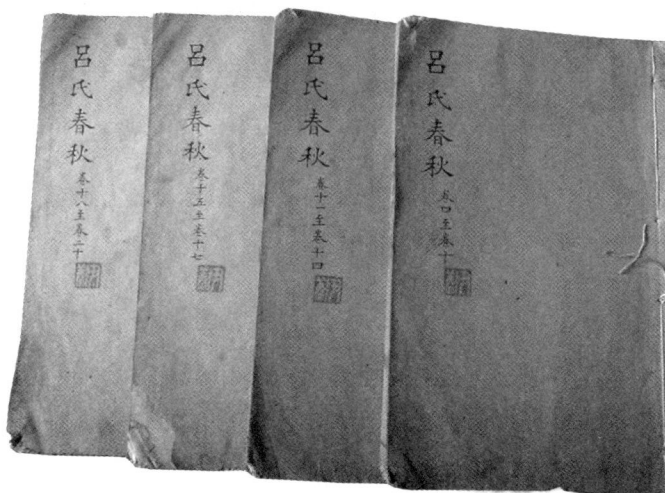

要地位，从而使商王投鼠忌器，不得为所欲为。但随着商族取得统治地位，并利用这一有利条件，使本族的政治、经济、军事力量得以迅速发展壮大，同时作为商民族最高代表的王及其权力必然会随之加强。与之相反的是族权的衰落。王族的强大必然会控制和压制其他部族和方国，使其逐渐地融合于商族，而代表其利益的氏族贵族的权力也日益成为王权的附庸，受制于王权。到盘庚时期，商王控制贵族和民众的生杀权、奖惩权，已充分表明了这一趋势。而此时王权对神权的部分控制，把与神沟通的权力部分地收归到商王自己手中，不至于使贞人集团完全控制此特权。在商代社会生产力水平仍然比较低下的情况下，人们对许多自然现象无法解释，世界在他们眼中仍有着极强的神秘色彩。从甲骨卜辞看，商人的占卜范围极广，几乎大小事情都要占卜，这说明他们对于人力无法控制的世事、天象极为好奇，从心灵深处真正相信冥冥中有神灵在左右人世间的一切，这种对自然、世事及不可知力量的恐惧注定了神权在商代占据着重要地位，它不会轻易就成为统治者用以恐吓和镇压百姓的工具。当时与神灵沟通的途径便是占卜。占卜在本质上反映出人对神灵的迷信以及自身能力的怀疑，这是人类与自然斗争的初级阶段所广泛存在的现象，人们认为占卜体现出的是神灵的意志，出于内心的恐惧和对神灵的崇拜，一般是不会违背占卜所显示的结果的。另外占卜不是人人都可以进行的，卜兆所显示的吉凶也不是任何人都看得懂的。因为从后世《易经》中的各种卦相看，每一种卦相所显示的吉凶之意应是在经过多次事实检验的基础上所得出的，一些具有些许规律性的东西。卜兆应与此有相同之理，即卜兆本身的含义要经过长期检验才可以得知。退一步说，

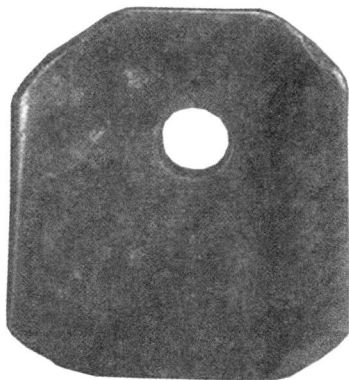

即便没有概率成分在内，完全由贞人靠灼烧不同的地方获得不同的卜兆，那么卜兆的含义及操作也需要经过专门的学习。如果贞人集团完全控制占卜过程，国君对此一无所知，且不能有效地控制贞人，出于对神灵的迷信和崇拜，他只能按贞人传达的占卜含义来行事。可是一但王权发展到一定程度，王亲自进行占卜，或控制贞人，他可以遵循卜兆行事，也可以按自己的意志来解释卜兆，因为此时只有商王自己才懂得卜兆含义。这时才能表明王权完全控制占卜所体现的神意（及神权）。到盘庚时期，商王掌握了发布卜辞的权利，说明已经控制了部分占卜权。到商后期，商王亲自进行占卜，且占卜事件多为有关商王个人的事，对整个国家大事的占卜少多了，占卜次数和贞人数量也大大减少。到了武乙时，武乙射天藐视天神，在一定程度上反映了人们对于神灵的迷信已有所削减，而占卜所体现的神意在商人生活中也逐渐衰退。这一关系的实质是人们对自然的征服，其决定性因素是生产力的发展和人们征服自然的进程。只有当生产力发展到一定程度，人们对社会的认知达到一定高度，王权才能最终控制神权，并自发地利用它来维护统治。这一过程应基本完成于商代后期。

五、盘庚迁都的历史意义

　　迁都之后，盘庚执行比较开明的政策，人民安居乐业，文化发展，社会富足繁荣，商王期从此步入中兴。此后的二百七十多年里，商的都城一直在这里，因此，商朝也被称为殷朝、殷商。历史事实完全证实了这一点。盘庚迁殷后，杜绝了"九世之乱"一类事件的再度发生，保证了王位由一个家族世袭，因而一直到商末，也未出现过因争夺王位而引起的斗争。正是由于王室内部政治纠纷的解决，使得商王能够加强其内政武功方面的统治，从而使社会生产有了显著的发展。盘庚迁都后，通过人民的辛勤劳动，使殷发展成为一个十分繁荣的都市，盘庚迁殷使商朝得以复兴，商王朝在政治、经济各方面都有所发展。不久之后，商朝进入最强盛时期，成为当时世界上的文明大国。

（一）稳定的政治环境促进了商朝社会经济发展

商人从一开始就是以农业为主的民族，商汤曾派亳人帮助葛人种地。甲骨卜辞中多次见到"其受年"的问语，反映了商朝统治者对农业的重视。盘庚迁都后，农业依然是商代最重要的社会生产部门。商朝的土地归王所有，商王分赐一部分土地给其他奴隶主作"封邑"，供

臣下享用。商王自己直接掌握着许多土地作为王室的田庄，役使大批奴隶，并征发很多平民从事大规模的集体劳动。在农业生产中采用的制度是井田制，井田即通过比较规整的沟渠灌溉系统把土地大体划分成方块田，在甲骨卜辞中刻写成田、井等形。这些象形字是对当时井田制的客观反映。井田中的每一块都代表着一定的面积，是便于管理奴隶在田间耕作的基本单位。由于灌溉技术的发展，使井田制有助于提高土地利用率和

农作物的产量，也利于抛荒休耕的管理。农业经济的主要生产方式是较大规模的奴隶集体劳动。自由民虽然人数不少，但由于受到土地、农具的限制，又要随时服从国家的调遣与征发，并且无力抗拒自然灾害的袭击，所以分散的、小规模的私田经营收获很少，生产力水平相当低下。石器和骨角器制作技术的提高，使农业生产工具种类和数量都得以显著增加。在此基础上，耕作技术也得到了逐步的改进。但商朝前期的耕作技术还比较粗放，处于耜耕农业的第一阶段，即一块土地连续耕种几年后便抛荒休耕，等若干年后再重新耕种这块土地。如果一个地区的土地都已轮流耕种过，地力已表现出耗竭的迹象，就需要进行一定规模的迁徙。这种农业生产方式也是盘庚之前多次迁都的重要原因。盘庚迁殷后，学会了轮流休耕方法，即一块土地耕种一年，然后休耕一至二年以保持地力，再继续耕种。从此耜耕农业进入了一个新阶段，从定都到殷开始，人们得以有较长的时间不必大规模迁徙了。

从考古发现及甲骨文、金文的记述

看，商代的粮食种类主要有粟（小米）、黍（黏黄米）、稷（黄米）、麦、稻等，此外还种植较多的桑、麻和一些瓜果蔬菜。粮食产量的增加，使大规模的酿酒成为可能，这就使得在龙山文化时期出现的饮酒风气，成为商代奴隶主贵族乐于享受的盛事。许多商代的遗址都曾出土各种各样的酒器。由于农业生产的收获直接关系到国家经济的发展和王室财富的盈亏，所以商王和贵族集团都十分重视农业。甲骨文中经常记载商王和宗室贵族为农业生产的各个环节而进行占卜、祈祷等活动。各代商王还多次亲自外出巡　　视，或是传呼臣下督促查看各地农业生产情况。卜辞中多次出

现求禾、求黍、求麦、求雨、省黍、观籍、相田的记录，可见农业生产这个重要的部门在当时是受到高度重视的。

随着农业的发展，商朝畜牧业也在家畜饲养的基础上日渐繁荣。马、牛、羊、狗、猪的数量比夏代有了大幅度的增长。在各地发现的商代墓葬和遗址中，往往有数量较多的马、牛和羊。商代的黄河流域，人们已经掌握了服牛驾马的技术，王室和贵族成员的墓葬中常见羊、猪、狗作为祭祀时的牺牲，墓葬旁还有规模较大的车马坑。据文献记载，贵族们常宰杀数十头甚至数百头牲畜来祭祀天地、祖宗和神灵。在河南辉县琉璃阁商代中、晚期墓群中，40%以上的墓中有殉犬，最多的有三只；殷墟的一些大墓附近都有车马坑，坑内多埋一人二马；安阳西北冈的祭祀坑，埋葬动物最多的是马，也有许多狗、猪、牛、羊和其他动物。在畜牧业比较发达的地区，采集和渔猎作为农业生产的一种补充活动，只是在一些偏僻地区及一定数量的氏族部落存在。

　　商代的手工业也很发达，手工业在农业经济发展的基础上得到很快发展。陶器制造、青铜器冶铸、丝麻纺织、骨角器制作、玉石雕琢、竹木器和漆器的生产、土木营建技术等等都比夏代有了更大的进步。手工业经济的发展促进了社会的分工，一些新兴的社会力量开始出现。黄河流域青铜文化的高度发达，对周围地区产生了巨大的影响，东部沿海一些经济比较发达地区的先进生产技术在各地得到了广泛传播。商代成为中国奴隶制经济的鼎盛时期。

繁荣的制陶业。商代的制陶业很发达，除大量生产普通的灰陶器外，还生产一些红陶、黑陶和少量精美的白陶。在商代遗址中多次发现质地坚硬细腻、刻纹美观规整的白陶，这些质量上乘的白陶和青铜器同样贵重。殷墟出土的白陶，有壶、簋、瓿、斝、樽、觯、带盖罐和罍等，普遍装饰着乳丁纹、蕉叶纹、云雷纹，十分精美。商代王室的制陶作坊规模很大，也有一些贵族的制陶作坊主要制作商品陶器。在郑州铭功路西侧发掘的一处商代的作坊，有十四座陶窑，清理出大约几十万件陶器的残片，其品种主要是盆、甑之类。这种大规模的、品种单一的生产方式，不仅是为了满足奴隶主本身的需要，而且有数量相当的陶器是用于出售的商品。在吴城（今江西樟树市）遗址发现的制陶基地里，一些陶窑内堆积着许多釉陶罐、樽和印纹硬陶器皿。这种地域性的土特产品，成为当时交换的重要货物。

东方文化的瑰宝——商代青铜器。商代手工业的发展，最突出的就是青铜器冶铸业所取得的成就。商朝的青铜铸造工艺水平已达到相当纯熟的水平。在各种官营的手工业作坊里，工匠们能制造出各种精美的青铜器皿和实用的生产工具及武器。考古发现的商代青铜作坊，其面积有数万平方米的，也有十余万平方米的。作坊遗址内都出土了为数可观

的陶范、坩埚块、木炭、铜锭、铜渣等小件青铜器，以及与铸造有关的其他遗存。这些作坊遗址的发现，说明商王室与诸侯所用的青铜器，主要是当地生产的。陕西汉中地区城固县发现的商代铜器窖藏，出土了四百多件青铜礼器和兵器等，其中四件青铜尊的肩部有三个牛头突饰，最大的高44.5厘米。一件兽面具为牛头形，为其他地区所不见，是当地铸造的极富特色的作品。在河南偃师二里头、郑州二里岗和南关外、郑州北郊紫荆山以及安阳殷墟等地，都发现了商代各个时期的铸铜作坊。这些遗址的发现还表明，当时的青铜冶铸手工业中已经出现了专业技术的分工。殷墟出土的著名的司母戊大方鼎，形制雄伟，高1.37米，重875公斤，是商代后期青铜器的杰作，反映了当时极高的铸造技术水平。殷墟妇好墓出土的五件铜编钟，制作精美，可构成四声音阶序列，铸造

工艺的难度很大。要制造这些青铜器，如果没有专业技术的分工是很难想象的。

司母戊方鼎和四羊方尊是商青铜精品。司母戊鼎是中国商代后期（约公元前16世纪—前11世纪）王室祭祀用的青铜方鼎，1939年3月19日在河南省安阳市武官村一家的农地中出土，因其腹部著有"司母戊"三字而得名。这是中国目前已发现的最重的青铜器，该鼎是商王祖庚或祖甲为祭祀其母所铸。司母戊鼎器型高大厚重，又称司母戊大方鼎，

重 832.84 千克，通高 133 厘米，口长
110 厘米，宽 78 厘米，壁厚 6 厘米。据
考证，司母戊鼎应是商王室重器，其造型、
纹饰、工艺均达到极高的水平，是商代
青铜文化顶峰时期的代表作。

在中国古代的青铜器中，有不少器
物以其独特的造型而引人注目，1938 年
在湖南宁乡县黄村月山出土的四羊方尊
造型动静结合，寓雄奇于秀美之间，可
谓巧夺天工。这个用于祭祀的礼器，高

58.3 厘米，重近 34.5 公斤。四羊方尊是我国现存商代青铜方尊中最大的一件，加上它独一无二的造型，被列入了文物精品的宝库。

商代的青铜器制造业，虽然主要用于事兵器和礼器的生产，但同时也制作一些如铜镜、酒器、装饰品等供贵族和平民使用的生活用品。此外，还以青铜制造砍伐、刮削、雕刻等生产劳动中使用的小型工具和斧、锛、凿、刀、锯、

锥、钻等手工工具。这些青铜工具的应用，对土地森林的开发，对木器、石器、骨角器等产品的制作起到了积极的作用，是先进生产力的体现，也是促进社会生产发展的重要因素。不过，由于当时青铜器的原料来之不易，冶炼和铸造也要耗费大量人力物力，所以青铜工具的生产还不多，青铜农具则更少。

纺织业也是商代手工业生产中的一项重要内容，与农业经济有直接且密切的关系。农业生产的进步促进了养蚕业和纺织业的发展。甲骨文中已多次发现桑、丝、帛等字样。商代的墓葬中还发现了玉蚕，青铜器上也有蚕的纹饰。由于纺织品不易保存，所以商代的丝麻织物很难发现实物遗存，但上述情况已清楚表明了当时纺织业发展的程度。在安阳殷墟发掘的一些中小型墓葬中，有一些规模较大、有棺有椁的墓，在棺椁上面常发现有席子或以彩绘的画幔一类织物覆盖的痕迹。在河北藁城台西村的商

代中晚期遗址中，一些墓葬中的随葬青铜器上粘有纺织品的痕迹，其中有纨、纱、绫罗等。另外，在居住遗址中还发现一些已经断裂的麻布残片，经鉴定可以确认为大麻纤维。这些麻布是平纹组织，与以后西汉时期湖南长沙马王堆墓葬出土的麻布非常接近，可见商代的丝麻纺织技术是相当高的，纺织品在社会经济生活中占有越来越重要的地位。

骨器制作，与石器制造一样，是人类最古老的一种手工业劳动。在金属工具和器物还很稀少的商代，制骨业比夏代以前更为发达。规模较大的制骨作坊，成为奴隶集中劳动的重要部门，工艺技术已达到十分成熟的地步。郑州商代遗址一座房基旁的窖穴中出土了不少骨料、骨制品和磨制加工骨器的砺石等遗物。骨料上都带有锯割的痕迹，骨制品主要是镞、簪的半成品和成品。引人注目的是，在出土的骨料中除了牛、鹿等动物的肢骨外，人的肢骨占了总数的一半。这个现象表明，商代的奴隶制度还是很严酷的，人牲、人殉和以人骨为制器原料，都证明了奴隶命运的悲惨。

商朝的玉器制造业也有了较大的发

展。玉器制造充分吸收各地的先进经验，特别是东部沿海地区良渚文化的工艺技术，逐步发展起来。因此，在中原一带发现的商代玉器，往往带有东部一些部族传统的特点。商代早期的河南偃师二里头遗址，历年来出土了许多玉器，有圭、戈、刀、铲、板、柄形器等，造型与纹饰的设计合理美观，雕琢的线条清晰流畅，工艺相当精巧，同新石器时代晚期和夏代的玉器相比，技术有了明显的进步。商中期以后，玉器大量增加，郑州商城、湖北黄陂盘龙城、北京平谷刘家河商墓等都出土过精美的玉器。到商代

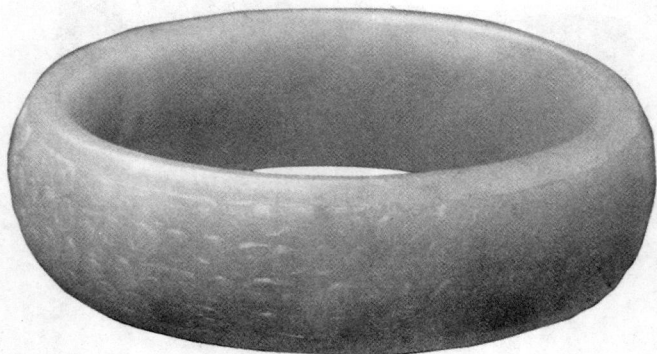

晚期的殷墟，出土的玉器数量最多，形
制最多，工艺最精美。其中妇好墓出土
玉器达七百多件，这些玉器形制规矩匀
称，花纹线条流畅，制作难度很大。妇
好墓中还出土了十多件玉雕人像和人头
像，运用写实手法，把不同阶层、不同
性别的人物及其服饰、发饰都作了细腻
的刻画，不仅具有一定艺术价值，而且
对研究人种及其社会生活也有重要的参
考意义。

　　在农业和手工业生产发展的基础上，
在各个生产部门内部分工日趋明确并日
益复杂的情况下，商代的商业也得到了
一定程度的发展。在周灭商后，据说在
殷民中有一部分人是"肇牵车牛远服贾，

用孝养厥父母"。这些人就是从事长途贩运贸易活动的商贾。在殷都和其他重要城邑的贵族们，他们在日常生活中所需用的一些比较珍贵的物品，如龟、贝、玉、珠宝、青铜、皮毛、齿革、丝帛等等，除在专有作坊役使奴隶自行生产之外，还有许多必须来自外地。其中有一部分由各地贡献，也有不少是通过交换而得来的商品。这些商品，主要就是由一些专业的商贾来贩运的，这样就促进了商业的发展。

（二）为商朝科学、文化、艺术的发展提供前提

在商代甲骨卜辞中保存着当时的历法《殷历》，它在夏历的基础上，已趋于完备。商人已会观察天象来定历法。在甲骨卜辞中已有关于日蚀、月蚀和星辰的记载，这是世界上最早的天文学的宝贵

资料。由于农业生产的需要，商代已经有了比较完备的历法。从甲骨卜辞的记录可以看出，当时月有大小，大月三十天，小月二十九天，一年为十二月，因十二个大小月加起来只有 354 或 355 天，所以采用闰月来调整一年的天数，使一年中的四季变化能保持在一定的时间内。这个闰月，在早期卜辞中是放在置闰那一年最后的一个月，即十二月之后，所以叫"十三月"。这在历法上叫做"年终置闰"法。在晚期的卜辞中，闰月就放在应置闰那一年的某一月，如闰五月，那年当

中就有两个五月，这在历法上叫做"年中置闰"法。这种历法，既不是根据太阳运动所测得的一年为基础的阳历，也不是以月亮圆缺为一个记日周期、即朔望月为基础的纯阴历，而是"以闰（月）定四时成岁"的阴阳合历。

出于农业生产的需要，当然也有可能在商代只有春种、秋收两段时间的划分，所以就用春秋二字来代表一年的时间。商代的记日方法是用十个天干和十二个地支字相配合来表示，即从甲配子（甲子）到癸配亥（癸亥），配完刚好是六十个。甲骨文中有一些干支表，不是卜辞，而是备用的"历书"，可能是当时的史官在占卜时查日期用的。用干支来记日的方法在商代以前就已经有了，在我国一直使用到近代。

商朝在科学文化方面也取得很大成就。数学：商代甲骨文中有大至三万的数字，明确的十进制，奇数、偶数和倍

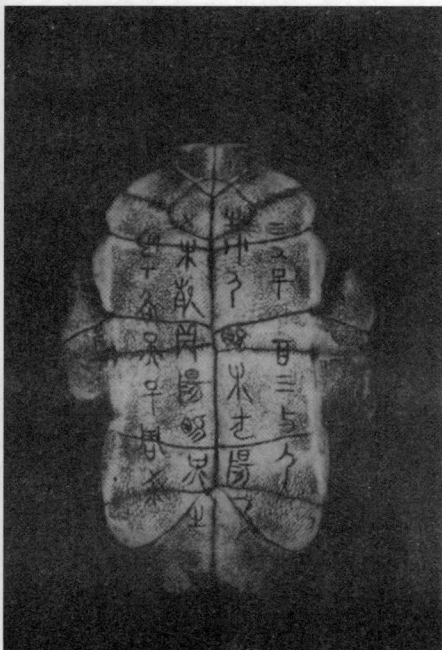

数的概念，有了初步的计算能力。光学知识在很早就得到应用，商代出土的微凸面镜，能在较小的镜面上照出整个人面。

艺术方面，自商代起，中国音乐进入了信史时代。民间的音乐和宫廷的音乐，都取得了长足的进步。由于农、牧、手工业的发展，青铜冶铸达到了很高的水平，从而使乐器的制作水平实现飞跃，大量精美豪华的乐器出现了。乐舞是宫廷音乐的主要形式。可考证的有《桑林》《大护》，相传为商汤的乐舞，为大臣伊尹所作。从事音乐专业工作的，主要有"巫"、音乐奴隶和"瞽"三种人。有关商朝民间音乐的材料很少，《周易·归妹上六》和《周易·屯六二》就是商代民歌的代表。商代甲骨文兼有象形、会意、形声、假借、指事等多种造字方法，已经是成熟的文字。在出土的甲骨卜辞中，总共发现有 4672 字，学者认识的已

有 1072 字。甲骨文因刻写材料坚硬，故字体为方形。而同时的金文，因系铸造，故字体为圆形。

（三）殷墟与甲骨文

殷墟古称"北蒙"，甲骨文卜辞中又称之为"大邑商""商"，为中国商代晚期（约公元前 1300 年—前 1046 年）的都城所在地，距今已有 3300 年的历史。殷墟位于今河南安阳小屯村及其周围，地处河南省安阳市洹水两岸，是中国第一个有文献记载并为甲骨文和考古发掘所证实的商代都城遗址。商代从盘庚到帝辛（纣），在此建都达 273 年，是中国历史上可以肯定确切位置的最早的都城。1899 年在此发现占卜用的甲骨刻辞。从 1928 年 10 月 13 日考古发掘至今，先后发现宫殿、作坊、陵墓等遗迹以及大量生产工具、生活用具、礼乐器和甲骨等遗

物，总面积 24 平方公里以上。现存有宫
殿宗庙区、王陵区和众多族邑聚落遗址、
家族墓地群、甲骨窖穴、铸铜遗址、制
玉作坊、制骨作坊等众多遗迹，以殷墟
为都城的商代晚期，疆域广阔，政治、
经济、军事、科技、文化空前发达，开
创了中国历史的新纪元，成为中国古代
文明的典范之一。殷墟以独具风格、规
模巨大、规划整饬的宫殿建筑和商王陵
墓体现出恢弘的都城气派而卓绝一时；
以制作精美、纹理细腻、应用广泛的青
铜器而闻名中外；以青铜冶铸、玉器制作、

制车、制骨、陶器、原始瓷器烧造等高度发达的手工业而享誉世界；以造字方法成熟、表现内容丰富、传承有序的甲骨文而在世界文明史上独领风骚。殷墟丰富的文化遗存从各个方面反映出中国古代高度发达的青铜文明，是华夏先民对人类社会发展作出的突出贡献。因此，一个世纪以来在殷墟的发现和发掘，不仅使它成为中国近现代考古学的摇篮，全面、系统地展现出 3300 年前中国商代都城的风貌，而且为湮灭了 3300 年的殷商文化，提供了一种独有的、历史的和科学的见证。从 1928 年由中国学术机

构独立主持考古发掘开始，在殷墟先后
发现了一百一十多座的商代宫殿宗庙建
筑基址、十二座王陵大墓、洹北商城遗
址、两千五百多座祭祀坑和众多的族邑
聚落遗址、家族墓地群、手工业作坊遗址、
甲骨窖穴等，出土了数量惊人的甲骨文、
青铜器、玉器、陶器、骨器等精美文物，
为这一重要的历史阶段提供了坚实证据。
现在我们可以从殷墟遗址的考古发现中
来推想当时的繁荣景象。商代的青铜器
冶炼、铸造工艺达到了新的技术高度，

青铜器的制作范围也扩大了。殷都附近就有一个很大的青铜器作坊，有上千人在作坊里劳动。他们用铜、锡、铅三种金属做原料，冶炼铸造了成千上万件斧、戈、矛、刀等武器，鼎、爵、瓢、壶、盘、盂等饮食器皿，斧、凿、钻、铲等工具。许多青铜器造型十分优美，花纹图案十分精巧，达到了非常高的艺术水平，形成了后来著称于世的青铜器文化。殷墟在中华文明乃至人类文明具有独特贡献和地位，是人类文明史上不可或缺、辉煌壮美、璀璨绚丽的一页。在殷墟遗址中，还有目前我国已经发现的最古的文字——甲骨文。

甲骨文主要指殷墟甲骨文，又称为"殷墟文字""殷契"，是殷商时代刻在龟甲兽骨上的文字。19世纪末期在殷代都城遗址即今河南安阳小屯被发现，继承了陶文的造字方法。是中国商代后期（公元前14—前11世纪）王室用于占卜记事

而刻（或写）在龟甲和兽骨上的文字。殷
商灭亡周朝兴起之后，甲骨文还延绵使
用了一段时期。它是中国已发现的古代
文字中体系较为完整的文字。甲骨文于
1898年为古董商、金石学家所识别，之
后在殷墟（河南安阳小屯村）大规模挖
掘，有大量的龟甲兽骨出土，加上别地
的零星采集，至今已收集十几万片，其中
单篇文章最长者达百余字，可以从中看
出应用文的雏形。

　　甲骨文是中国的一种古代文字，被

认为是现代汉字的早期形式，也被认为是汉字的书体之一，是现存中国最古老的一种成熟文字。甲骨文又称契文、龟甲文或龟甲兽骨文。甲骨文是一种很重要的古汉字资料。绝大部分甲骨文都发现于殷墟。这些甲骨基本上都是商王朝统治者的占卜纪录。商代统治者对占卜非常迷信，例如十天之内会不会有灾祸，天会不会下雨，农作物会不会有好收成，打仗能不能胜利，应该对哪些鬼神进行哪些祭祀，甚至对于生育、疾病、做梦等等事情都要进行占卜，以了解鬼神的意志和事情的吉凶。所以从甲骨文的内容可以隐约了解商朝人的生活情形，也可以得知商朝历史发展的状况。目前发现有大约十五万片甲骨，四千五百多个单字。

（三）奠定了华夏历史的基础

　　盘庚迁都后，商朝进入了稳定的历史发展时期，是我国奴隶制国家的发展和巩固阶段。在疆土方面，商朝疆域远远超过了夏代。疆域面积达 320 万平方公里，北到辽宁，南到湖北，西到陕西，东到海滨。除了包括夏所属长江以北的湖北、河南、安徽、山东、河北、山西、京津和江苏、陕西的一部分，还包括陕西江苏的剩余土地，以及辽宁、甘肃、湖南、浙江、四川的一部分。商朝凭借自己正统的地位和强大的武装力量，采取分封、册命和武力征服的手段，不断地扩大自己的势力范围，初步奠定了中华民族的活动疆域，密切了同周边各少数民族的关系，为统一的多民族国家的形成打下了基础。

　　在经济上，生产工具从骨器、蚌器、石器发展到铸造完美的青铜器；农业生产得到较大的发展，从仅有少量的剩余到"千斯仓""千斯箱"的储备；商品经

济也有了较大的发展，形成以都邑为中心的商品生产和交换市场及比较统一的货币，使社会生产力有了较大的发展；在政治上，确立了以君主为核心的王权专制，在父系大家族的基础上，以宗法制度为主体，按照亲疏远近，从王国到诸侯国，按地区建立起层层的政权机构，并划出分明确的等级，由大大小小的奴隶主世代相袭地把持各级政权，这种宗法和等级制度长期影响着中国古代社会。

在思想领域，形成宗教神学思想体系，

将天说成是自然与社会的主宰，以证明王权神授，论证自己的统治是合理的和神圣不可侵犯的，并且利用宗教观念来配合暴力统治；同时，根据宗教祭祀仪式演化出"礼"，作为制度、思想、行为的规范，逐步发展成为一套以维护宗法等级制度为核心的礼制，深刻地影响了中国古代社会的发展。

在行政管理上，国家行政管理体系不断完善，形成以王为首、分封诸侯的贵族政体；建立了一套以中央为内服官（在王国直接统治区内为王室服务的官）、以地方为外服官（在王国直接统治区外分封的诸侯和为诸侯服务的官）的内外服官体系；建立起适合奴隶制国家特点的，有关培养、选拔、任免、爵命等

级和退休养老等方面的官员管理制度。

　　商朝中晚期的政治演变、经济发展、文化的形成对于我国民族的形成和发展以及后代的发展变化都有着重大而深远的影响。商连同夏和周两朝是汉族先民奠定和形成时期，兼容不同民族文化，融合周边民族文化，不断壮大华夏和华夏民族文化，这一举世无双的汉民族融合其他民族、不断发展壮大的模式，可以说是中华民族历史经久不衰、人口不断壮大、文化长期昌盛的根本原因。